글 | 김빈애
중앙대학교에서 문예창작을 공부하고 어린이 책을 만들고 있습니다.
과학, 역사 등의 그림책을 만들었고, 쓴 책으로는 〈생일 축하해〉, 〈아가야, 내 말 들려?〉,
〈마음을 얻어 나라를 세우다〉 등이 있습니다.

그림 | 홍선주
전통문화를 비롯해 세상 곳곳의 잡다한 이야기에 관심이 많습니다.
어릴 적 동화책 속의 그림을 즐겨 보다가 일러스트레이터가 되었습니다.
그린 책으로는 〈초정리 편지〉, 〈옹주의 결혼식〉, 〈소원을 그리는 아이〉,
〈성균관〉 등이 있습니다.

누리 세계문화 23 체코 슈퍼맨 마리오네트

글 김빈애 | 그림 홍선주 | 펴낸이 김의진 | 기획편집총괄 박서영 | 편집 정재은 이영민 김한상 | 글 다듬기 박미향 | 디자인 수박나무
제작·영업 도서출판 누리 | 펴낸곳 Yisubook | 주소 경기도 고양시 일산동구 일산로67, 3층 | 고객상담실 080-890-7000
잘못된 책은 바꾸어 드립니다. 이 책에 실린 글이나 그림을 무단으로 복사, 복제, 배포하는 것을 금합니다.
△1. 사람을 향해 던지거나 떨어뜨리지 마십시오. 2. 고온 다습한 장소나 직사광선이 닿는 장소에는 보관하지 마십시오.

슈퍼맨 마리오네트

글 김빈애   그림 홍선주

빨간 지붕이 늘어선 프라하 거리, 파벨이 카를 대교를 달려가요.
프라하 성 아래 아빠 가게로 가는 길이에요.
파벨네는 할아버지의 할아버지의 할아버지부터
줄을 매단 나무 인형인 마리오네트를 만들어 팔았어요.
어제부터는 아빠가 가게를 맡아보기로 했지요.

파벨은 엄마를 이끌고 국립 마리오네트 극장으로 갔어요.
마침 〈*돈 조반니〉를 공연하고 있었지요.
무대에서는 인형들과 인형을 조종하는 사람들의 손이 바삐 움직였어요.
"여기에 할아버지의 첫 번째 작품이 있단 말이죠?
처음 시작할 때 만들었던 마리오네트들을 보면
할아버지 마음이 풀릴 거예요."
"정말 좋은 생각이구나!
돈 조반니가 바로 할아버지의 첫 작품이란다."

엄마와 파벨은 가게 뒤편 프라하 성으로 향했어요.
파벨이 프라하 성에서 제일 좋아하는 곳은 성 비트 대성당이지요.
"와, 언제 봐도 프라하 성은 질리지 않아요."
"그렇지? 프라하 성을 짓는 데 천 년이 걸렸대.
천 년 전에 지은 건물과 그 후에 지은 건물이 잘 어우러져서
아름다운 프라하 성이 된 거지."
파벨은 문득 좋은 생각이 떠올랐어요.
"엄마, 우리가 할아버지와 아빠를 화해시켜요!"

그런데 가게가 소란스러워요.

"슈퍼맨이 마리오네트란 말이냐?"

할아버지 고함에 아빠가 대꾸했어요.

"피에로나 기사, 마녀만 마리오네트라고 생각하지 마세요. 사람들이 좋아하는 새로운 인형도 만들어야 해요."

"슈퍼맨은 체코 것이 아니잖냐. 마리오네트는 체코의 자존심이야. 내 가게에서 슈퍼맨을 파는 건 두고 볼 수 없어!"

할아버지는 문을 쾅 닫고 2층으로 올라가 버렸어요.

"아버지가 뭐라시든 제가 만든 걸 팔겠어요!"

아빠도 지하 작업실로 내려가 버렸지요.

극장 관리인이 돈 조반니를 들고 말했어요.
"네 할아버지의 마리오네트는 훌륭해.
진짜 살아 있는 것 같다니까!
원래는 안 되지만, 네가 손자라니 특별히 허락하마.
내일 꼭 가져와야 한다."
"고맙습니다!
엄마, 두 번째 작품은 어디에 있어요?"

엄마와 파벨은 천문 시계 앞으로 달려갔어요.
지구가 우주의 중심이라고 생각하던 때
만든 아름다운 시계예요.

정각이 되자 시계 위 창문이 열리더니
열두 제자 인형이 돌아가며 창밖을 내다보았어요.
"저걸 육백 년 전에 만들었다니 믿을 수 없어!"
관광객의 말에 파벨은 씩 웃었어요.

시계 건물 안에는 톱니바퀴와 도르래가 쉬지 않고 삐걱였어요.
시계 관리인이 말했어요.
"나는 이 시계처럼 정성이 많이 들어간 작품을 좋아해.
네 할아버지의 마리오네트가 바로 그런 작품이지.
시계의 톱니바퀴처럼 정확하고
도르래처럼 매끄럽게 움직이니 말이야.
꼭 돌려줘야 한다."
"고맙습니다!"

"여기서 공연을 한다고 들었는데…."
카를 대교를 벌써 몇 번째 왔다 갔다 하는지 몰라요.
세 번째 마리오네트를 가진 거리 예술가를 찾는 거예요.
파벨은 속이 탔어요.
마침 성 얀 네포무츠키 조각상이 눈에 들어왔어요.
소원을 이루어 준다는 조각상이지요.
파벨은 조각상을 어루만지며 기도했어요.
'할아버지와 아빠가 화해하게 해 주세요.'
그때 엄마 목소리가 들렸어요.
"파벨, 찾았어!"

"손님이 있는 줄 모르고 늦었군요.
좋습니다. 빌려 드릴게요.
하지만 공연이 끝나길 기다리세요."
거리 예술가는 공연 준비에 들어갔어요.
거리 예술가는 가방에서
또 다른 마리오네트를 꺼내 들었지요.
엄마와 파벨은 깜짝 놀랐어요.
"저건 아빠가 만든 거잖아!"
거리 예술가가 어깨를 으쓱했어요.
"네 아빠 솜씨도 대단하지, 안 그래?"
"엄마, 더 좋은 방법이 생각났어요!"

거실 인형 극장이 세워졌어요.
식탁 위에 작은 무대를 올렸지요.
슈퍼맨 마리오네트가 말했어요.
"나는 프라하를 지키는 슈퍼맨!
하지만 혼자서는 할 수 없어. 어쩌지?"
그러자 돈 조반니와 다른 마리오네트들이 대답했어요.
"우리가 도와줄게!"
파벨이 생각해 낸 더 좋은 방법은
할아버지와 아빠의 작품을 함께 무대에 세우는 것이었어요.

파벨이 말했어요.
"아빠, 할아버지! 두 분 다 훌륭한 마리오네트 예술가세요."
"할아버지야말로 진짜 예술가지.
이제 보니 아빠 솜씨와는 비교도 안 되는구나."
아빠가 고개를 떨구자 파벨은 마음이 아팠어요.
그때 할아버지가 벌떡 일어서며 말했어요.
"생각났어!
나도 젊은 시절엔 새로운 것을 만들려고 연구했었지.
맥주나 한잔 하면서 슈퍼맨에 대해 말해 볼까?"
파벨의 작전은 성공한 것 같지요?

여기는 체코!

정식 명칭	체코 공화국
위치	유럽 중부
면적	약 7만 8천 km²
수도	프라하
인구	약 1,062만 명
언어	체코 어
나라꽃	티리아

카를로비바리
체코의 유명한 온천 도시야. 카를로비바리라는 이름은 '카를 왕의 온천'이라는 뜻이야.

블타바 강
체코에서 가장 긴 강으로 프라하 시내를 흘러. 카를 대교가 블타바 강에 있지. 독일어로는 몰다우 강이라고도 하는데, 북쪽에서 엘베 강과 합쳐져.

프라하
체코의 수도로 1,000년이나 된 도시야. 오래된 건물이 많은데 특히 프라하 성이 유명해. 체코는 프라하를 중심으로 북쪽의 보헤미아 지방과 동남부의 모라비아 지방으로 나뉘어.

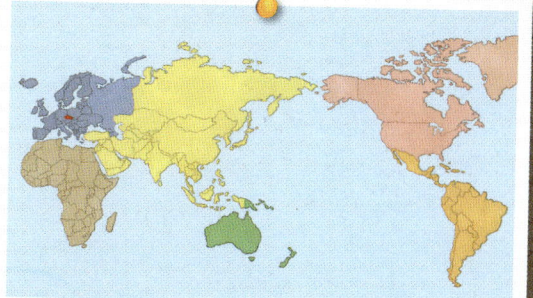

동유럽에 있어. 독일, 폴란드, 오스트리아, 슬로바키아에 둘러싸여 있는데, 예전에는 체코와 슬로바키아가 한 나라였대.

구 시청사 천문 시계

오스프라바

올로모우츠

탄광

동굴

포도주

중세의 모습을 간직한 프라하

체코의 수도 프라하는 1,000년의 역사를 지닌 곳이야. 500년에서 1500년 사이인 중세 시대에 세워진 건물들이 고스란히 남아 있지. 언덕 위에 있는 거대한 성과 교회, 골목에 들어선 집들을 보며 중세의 모습을 상상해 볼까?

14세기에 세워진_프라하 성

프라하 성은 9세기 말에 세워지기 시작해 카를 4세가 다스리던 1300년경에 지금과 같은 모습을 갖추게 되었어. 적이 쉽게 공격하지 못하게 높은 언덕에 세웠지. 프라하 성에는 왕이 머물던 왕궁은 물론 높은 첨탑으로 유명한 성 비트 대성당, 성을 지키던 보초병이 살던 집들이 있는 황금 소로 등이 있어.

지식의 보물 창고_
스트라호프 수도원

수도사들이 모여 사는 스트라호프 수도원의 도서관에는 중세 시대부터 전해오는 책들이 가득해. 수도사들이 이곳에서 책을 베껴 쓰고 그것으로 사람들을 가르쳤거든. 당시에는 인쇄술이 발달하지 않아서 일일이 손으로 써서 책을 만들었어. 〈성경〉과 고전들이 그렇게 전해졌어.

블타바 강을 가로지르는_
카를 대교

프라하 성이 있는 서쪽과 구시가지가 있는 동쪽을 이어 주는 카를 대교는 카를 4세 때 지어졌어. 다리 끝에는 문 역할을 하는 교탑이 세워져 있고, 난간에는 조각상이 죽 늘어서 있어. 그중 성 얀 네포무츠키 조각상이 있는데, 조각상 아래 동판을 만지면서 소원을 빌면 이뤄진대.

이런 게 궁금해요!

거리 곳곳에서 마리오네트 인형극 공연을 하는 사람들을 볼 수 있어. 체코의 마리오네트는 왜 유명한 걸까? 궁금한 것들을 하나하나 알아보자.

유명한 온천이 많아?

체코는 다른 나라들에 둘러싸여 있어서 바다가 없지. 하지만 강, 호수, 습지 등이 잘 보존되어 있고, 온천도 많아. 그 중 독일 소설가 괴테가 자주 찾았다는 카를로비바리가 유명해. 이곳 온천수를 병에 담아 팔기도 하지.

왜 천문 시계야?

구시가지 광장에 있는 시청 건물 벽에 커다란 천문 시계가 있어. 시간마다 정각에 문이 열리며 예수의 열두 제자와 닭 인형이 나오지. 해와 달과 별의 움직임을 본떠 만들었다고 해서 천문 시계라고 불려. 시계 아래쪽 원은 농사짓는 사람들의 생활을 표현한 달력이야.

굴라시 수프는 뭐야?

굴라시 수프는 쇠고기와 파프리카를 넣고 끓여서 만든 수프야. 체코 사람들이 즐겨 먹는 음식이지. 체코 사람들은 고기 요리를 매우 좋아해. 돼지 족발을 통째로 구운 콜레노도 체코 사람들에게 인기 있는 음식이야.

얀 후스는 누구야?

얀 후스는 체코 사람들이 존경하는 학자야. 학문을 연구하여 사람들에게 알리는 것은 물론 잘못을 바로잡는 데에도 앞장섰지. 얀 후스는 권력을 휘두르고 돈벌이에 눈이 먼 교회를 비판하다가 죽임을 당했어. 구시가지 광장에는 얀 후스의 사망 500주년을 기념하여 만든 동상이 있어.

인형극으로 언어를 지켰다고?

체코가 오스트리아의 지배를 받았을 때, 학교에서도 책과 신문에서도 체코 어를 쓸 수 없었어. 체코 사람들은 오스트리아의 눈을 피해 체코 어로 인형극을 했고, 오스트리아를 비판하는 내용도 담았지. 그렇게 마리오네트 인형극을 통해 체코 어를 지켜 나갈 수 있었어.

일러두기
1. 맞춤법, 띄어쓰기는 국립국어원에서 펴낸 〈표준국어대사전〉을 기준으로 삼았습니다.
2. 외국 인명, 지명은 국립국어원의 〈외래어 표기 용례집〉을 따랐습니다.

사진제공
토픽이미지, 유로크레온, 연합뉴스, Gettyimages, Imagekorea, 몽골문화촌

재미있는 누리 세계문화

아시아
- 01 중국 | 황제를 만난 타오
- 02 일본 | 요코의 화과자
- 03 베트남 | 할아버지는 어디 계실까?
- 04 태국 | 무아이타이 고수를 찾아라
- 05 필리핀 | 차코의 소원
- 06 인도네시아 | 엄마와 함께 바롱 댄스를
- 07 몽골 | 게르에서 살까?
- 08 네팔 | 정말 예티일까?
- 09 인도 | 하누만, 소원을 들어주세요
- 10 사우디아라비아 | 지금은 라마단
- 11 터키 | 할아버지의 마법 양탄자

유럽
- 12 영국 | 앨리스와 스펜서 백작
- 13 프랑스 | 소원을 들어주는 빵
- 14 네덜란드 | 여왕님의 생일 선물
- 15 독일 | 우리는 동화 마을 방위대
- 16 스위스 | 납치된 가족은 누구?
- 17 이탈리아 | 가방이 바뀌었어
- 18 그리스 | 주문을 외워 봐
- 19 에스파냐 | 엉뚱 할아버지의 집은 어디?
- 20 스웨덴 | 삐삐와 바이킹 소년
- 21 덴마크 | 레고랜드로 간 삼촌
- 22 러시아 | 나타샤의 꿈
- 23 체코 | 슈퍼맨 마리오네트
- 24 루마니아 | 도둑을 잡으러 간 소린

아메리카
- 25 미국 | 플루토 스팟을 찾아가요
- 26 캐나다 | 퍼레이드가 좋아
- 27 멕시코 | 사라진 태양의 왕국
- 28 쿠바 | 말랭이 영감 다리 나았네
- 29 브라질 | 삼촌의 선물
- 30 페루 | 고마워요, 대장 콘도르
- 31 칠레 | 펭귄을 데려다 주자

아프리카
- 32 이집트 | 파라오의 마음이 궁금해
- 33 나이지리아 | 힘차게 달려라, 나이지리아
- 34 케냐 | 마타타의 신나는 사파리 여행
- 35 남아프리카 공화국 | 루시와 마누는 친구

오세아니아
- 36 오스트레일리아 | 오페라 하우스를 그려 봐
- 37 뉴질랜드 | 하우, 너라면 할 수 있어
- 38 투발루 | 간장 아가씨, 바닷물을 조심해요

주제권
- 39 화폐 | 돈조아 임금님의 퀴즈
- 40 다문화 | 달라도 괜찮아
- 41 옷 | 외계인 빠송 옷 구경 왔네
- 42 신발 | 클로그를 신을까, 바부슈를 신을까?
- 43 음식 | 황금 포크는 내 거야
- 44 스포츠 | 뚱아 덕아 운동 좀 하자
- 45 괴물 | 유치원에 괴물이 나타났어요

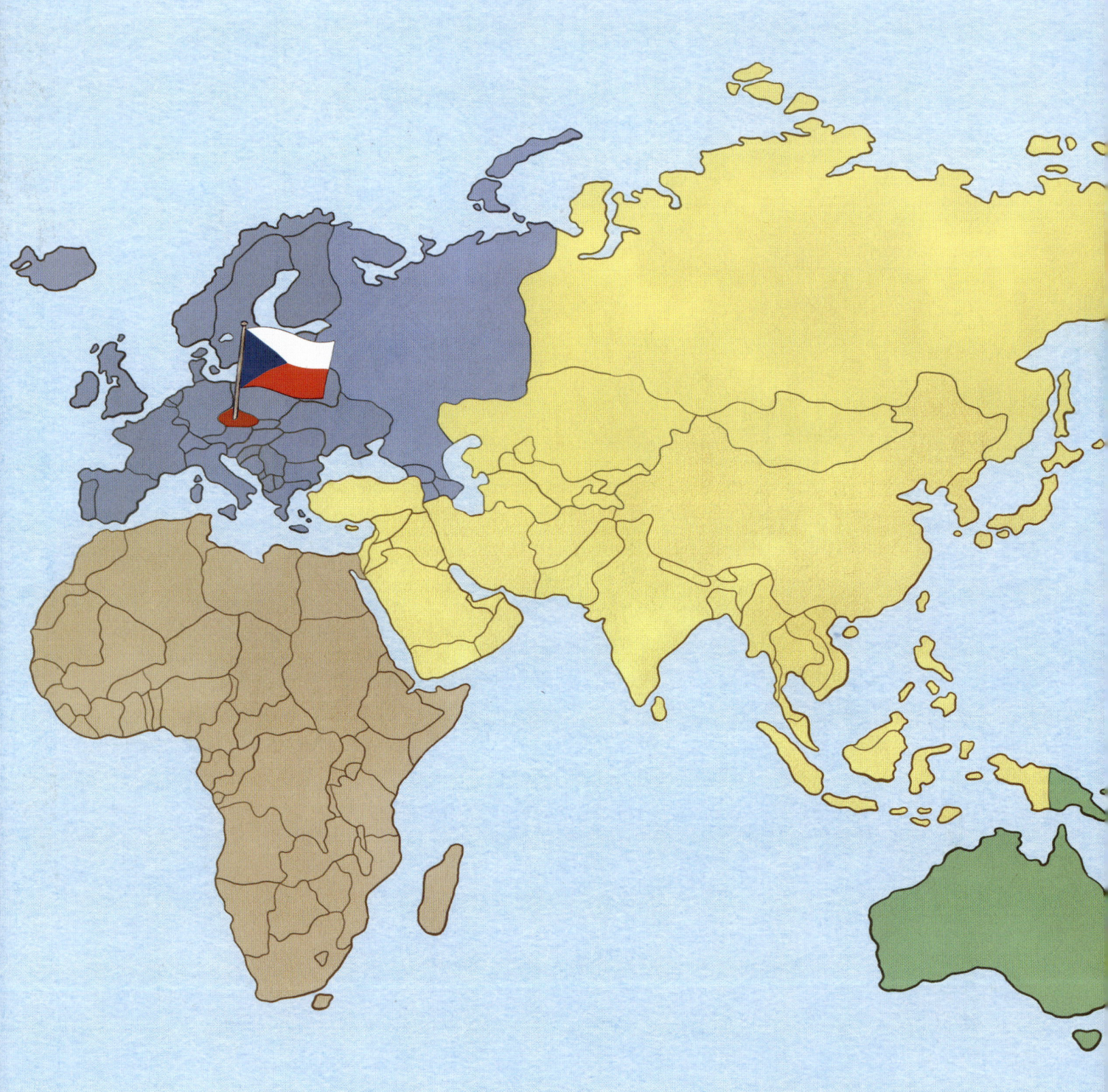